W0019890

Une équipe de choc

L'habitat des petits voltigeurs 24
Les accessoires 26
Nouer des liens d'amitié 28
Pour bien cohabiter 30
Comprendre ses calopsittes 32
La socialisation 34
L'alimentation 36
Les aliments frais 38
Épanouis et en forme 40
En balade 44
ZOOM Divertir ses oiseaux 42

La manière adéquate d'héberger des calopsittes, de les nourrir et d'occuper ces petits voltigeurs.

Des soins et de l'attention

L'entretien 48
Les soins préventifs 50
Les maladies 52
Les mesures d'urgence 54
La reproduction 56
ZOOM Des parents attentionnés ... 58

Apprenez à vous occuper de vos oiseaux quand ils sont malades ou que la famille s'agrandit.

Une personnalité unique

La perruche calopsitte, pas plus grosse qu'un petit pigeon et de caractère très confiant, est un oiseau de compagnie idéal. Robuste, elle ne nécessite pas de soins spécifiques, ce qui en fait un oiseau particulièrement adapté aux débutants.
Cette gentille perruche est très sociable et s'attache donc très rapidement à ses maîtres. Du fait de cette grande sociabilité, il est nécessaire de lui offrir un ou plusieurs compagnons. C'est ainsi que vos boules de plumes révéleront pleinement leur personnalité. Les individus les plus téméraires se montreront avides d'aventure, alors que les plus timides prendront leur temps avant de se décider à nouer des liens avec l'homme. Laissez à chaque perruche le temps dont elle a besoin.
Si vous accordez beaucoup d'attention à vos joyeuses pensionnaires, que vous répondez comme il faut à leurs modestes besoins et que vous prenez le temps de vous lier d'amitié avec elles, ces oiseaux sociables vous accorderont toute leur confiance et viendront volontiers se percher sur votre épaule et jouer avec vous. Vous formerez alors une belle équipe !

À la découverte des calopsittes

Ces sympathiques perruches des antipodes feront rapidement votre conquête grâce à leur caractère sociable, entreprenant et curieux. Leurs acrobaties, leurs figures de haute voltige et leur vie sociale très riche n'auront de cesse de vous surprendre.

Les perruches calopsittes se distinguent par leurs yeux ronds et noirs, leurs joues orangées et leur huppe, sorte de « baromètre d'humeur ».

Connaître les calopsittes

8 L'origine des perruches calopsittes

10 Des aptitudes fascinantes

ZOOM 12 Les traits distinctifs des calopsittes

14 Une grande variété de mutations

16 Le choix du partenaire

18 Bien choisir ses oiseaux

20 Les informations utiles

L'origine des perruches calopsittes

Par leur taille, mais surtout par leur caractère amical, leur curiosité teintée d'espièglerie et leur nature facile, les calopsittes comptent parmi les « grands » oiseaux de compagnie les plus populaires.

Les calopsittes sont originaires d'Australie. Elles vivent sur la presque totalité de ce continent gigantesque, à l'exception des territoires humides à proximité de la côte. Les écarts de température importants entre le jour et la nuit et les longues périodes de sécheresse rendent leurs conditions de vie difficiles. Cette amplitude thermique extrême et la pénurie d'eau ont contraint ces oiseaux malins à concevoir des stratégies de survie pour surmonter les périodes difficiles.

Les perruches calopsittes sont des créatures fascinantes et inventives.

L'habitat naturel

Lorsque les longues périodes de sécheresse reviennent et que l'eau se fait rare, la vie devient pénible pour les perruches, qui n'ont alors plus qu'une seule solution pour survivre : la migration.

▸ **Elles maîtrisent parfaitement l'art du vol.** Elles se regroupent en volées nombreuses et parcourent de grandes distances pour trouver de l'eau et de la nourriture. Ces volées rassemblent parfois plusieurs centaines d'oiseaux, car la vie en bande leur offre une meilleure protection contre les prédateurs.

▸ **Lorsque les conditions sont favorables,** les oiseaux s'installent et commencent généralement à pondre au bout de quelques jours. Souvent, ils enchaînent même deux couvées pour compenser les pertes inévitablement subies pendant les périodes de sécheresse.

À SAVOIR

Des oiseaux sociables

Les calopsittes vivent toujours en bandes constituées d'une cinquantaine d'oiseaux.
Les couples passent toute leur vie ensemble, même en dehors des périodes de reproduction.
Lorsque la bande trouve un site de reproduction convenable, les oiseaux ne perdent pas un temps précieux à chercher un partenaire.

▸ **Des temps difficiles.** Tous les animaux ne mènent pas une vie paradisiaque dans leur habitat d'origine. Les perruches calopsittes ne se sentent vraiment bien que lorsqu'elles ont suffisamment d'eau et de nourriture à disposition.

▸ **Aux aguets.** Les perruches calopsittes, comme les perruches ondulées, nichent souvent dans les trous de nœuds et les creux de tronc d'un seul et même arbre. Les branches leur offrent un excellent point de vue et elles peuvent facilement se mettre en sécurité si un oiseau de proie vient rôder dans les parages.

▸ **De la hauteur !** Elles descendent au sol uniquement lorsque cela s'avère absolument nécessaire, c'est-à-dire pour boire et se nourrir, et s'envolent au moindre bruit suspect.

Les savanes ouvertes, les steppes et les prairies constituent leur habitat naturel.

Un oiseau vivant près de l'homme

Sans le vouloir, l'homme a facilité la vie aux calopsittes avec ses cultures de céréales. Dans les régions où les oiseaux causent des dégâts importants aux cultures (les champs attirent en outre d'autres espèces de perruches, ainsi que des cacatoès), les agriculteurs n'hésitent pas à utiliser des armes ou à empoisonner les points d'eau fréquentés par les animaux, en totale violation de la réglementation sur la protection de l'environnement en vigueur en Australie.

Des aptitudes fascinantes

Des conditions de vie difficiles renforcent le corps et l'esprit, c'est pourquoi la perruche calopsitte est un oiseau aussi robuste et intelligent ! Sa constitution, ses sens et son comportement social ne sont pas dus au hasard, mais résultent d'une adaptation à son habitat et à l'offre de nourriture.

Les sens

Ils permettent aux oiseaux de trouver de la nourriture, de réagir rapidement aux attaques des prédateurs et de communiquer avec leurs congénères.

▸ **Les yeux** des oiseaux diffèrent de ceux des mammifères. La paupière inférieure est la plus mobile, la paupière supérieure étant pratiquement fixe. À l'intérieur de la tête, seule une mince paroi sépare les globes oculaires. Ainsi, en cas d'accident, il y a de grands risques que les deux yeux soient touchés. Du fait de la position latérale de leurs yeux, les calopsittes possèdent un champ de vision très large. Elles compensent la faible mobilité de leurs yeux par des mouvements de tête rapides. Elles peuvent d'ailleurs tourner la tête à 360° et voir ainsi ce qui se passe derrière elles. Toutefois, lorsque la lumière décline, elles perçoivent moins bien les mouvements. En revanche, elles perçoivent parfaitement les couleurs, ce qui joue un rôle important dans leur alimentation.

▸ **Les oreilles** prennent la forme de petites ouvertures situées en arrière des yeux, et sont dissimulées par les plumes. L'ouïe est bien développée et joue un rôle très important dans la communication avec les congénères.

Gros plan sur le bec, la cire et les narines.

L'organe de l'équilibre se situe à l'intérieur des oreilles. Si cet organe est affecté par une maladie, l'oiseau n'est plus en mesure de se percher ou de voler. Ainsi, le maintien de la tête en position inclinée doit toujours être considéré comme un signal d'alarme à prendre très au sérieux.

▸ **Seule la partie inférieure** du nez est tapissée de cellules olfactives. Bien que l'odorat ne soit pas le point fort des oiseaux, ils sont capables de différencier de nombreuses odeurs. En vol, certains oiseaux semblent même s'orienter en fonction des odeurs.

▸ **Les papilles gustatives** sont disposées à la base de la langue, qui sert aussi à « tester » la nourriture. La langue est également munie de corpuscules tactiles, qui permettent aux oiseaux d'évaluer la nature des objets et des aliments en les mordillant.

De formidables voltigeuses

Les perruches calopsittes comptent parmi les oiseaux les plus doués pour le vol et

En mordillant la nourriture, l'oiseau vérifie qu'elle lui convient.

peuvent parcourir de grandes distances sans aucun problème. Elles savent parfaitement utiliser les courants d'air ascendants et volent pour ainsi dire en mode « économie d'énergie ». Elles peuvent atteindre des vitesses impressionnantes lorsqu'elles fuient les rapaces. Si un faucon approche, le groupe de calopsittes décolle immédiatement en formation serrée. En vol, les bandes alaires blanches brillent au soleil et perturbent l'attaquant, qui a toutes les difficultés du monde à se saisir d'une victime. Seuls les oiseaux jeunes et inexpérimentés, malades ou âgés, qui ne parviennent pas à suivre le groupe laissent une chance aux rapaces.

À SAVOIR

Un formidable sens de l'orientation

Le sens de l'orientation des oiseaux fascine les hommes depuis déjà plusieurs siècles.
Les calopsittes sont capables de parcourir des centaines de kilomètres pour trouver de la nourriture.
Les scientifiques ne savent encore pas expliquer quelles sont les facultés qui entrent en jeu.
Le champ magnétique de la Terre joue certainement un rôle, mais les pigeons par exemple s'orientent également en s'aidant des routes et des cours d'eau.

Les traits distinctifs des calopsittes

Les perruches à queue courte appartiennent à la famille des perroquets, et les calopsittes, avec leur longue queue, à celle des grandes perruches. La calopsitte est étroitement apparentée au cacatoès, qui, comme elle, possède une huppe. Chez ces deux espèces, la huppe joue le rôle de baromètre d'humeur.

Comme presque tous les perroquets, les perruches calopsittes sont des animaux diurnes. Douze heures d'éveil alternent avec douze heures de repos. Au lever du jour, étirements et toilette sont au programme. Elles font ensuite leurs besoins avant d'aller manger et boire. Si elles ont la chance d'avoir un compagnon, vous pourrez observer au cours des heures suivantes des comportements caractéristiques de ces oiseaux très sociables. Une fois qu'elles ont terminé de s'occuper l'une de l'autre, s'ensuivent quelques heures de repos vers midi. Les calopsittes reprennent leurs activités l'après-midi, jusqu'au crépuscule. Les oiseaux vivant en intérieur doivent pouvoir dormir douze heures d'affilée la nuit. Dans l'idéal, leur vie doit être rythmée par le lever et le coucher du soleil.

◂ Des liens familiaux.

① Les calopsittes sont des animaux très sociables. Les oiseaux seuls mènent une bien triste vie. En accueillant ces gais lurons par groupe de deux au minimum, vous leur offrirez une vie bien plus riche et intéressante, depuis la toilette mutuelle, pleine d'affection, jusqu'aux petites discussions entre amis ! De temps en temps, ils picorent quelques graines par-ci par-là ou grignotent (souvent en tête-à-tête) une branche de millet, un délicieux morceau de pomme ou une carotte croquante.

2

▸ Une coordination stupéfiante. Les calopsittes sont des as de la voltige et réalisent des figures audacieuses. La coordination dont elles font preuves lorsqu'elles se déplacent en bande est étonnante : elles sont capables de virer soudainement de bord sans problème et l'ensemble de la volée semble mû par une main invisible. Les calopsittes domestiques ont également besoin de voler un long moment en liberté chaque jour pour rester alertes et en bonne santé.

▸ Des explorateurs curieux. Cette joyeuse perruche s'intéresse à tout et n'épargne rien. Elle veut tout goûter et mordiller ! Lorsque vos oiseaux se promènent en liberté, attendez-vous à ce qu'ils grignotent quelques morceaux par-ci par-là, voire à ce qu'ils grugent quelque peu les meubles avec leur bec très puissant. Ce bec solide leur permet de décortiquer sans difficulté les graines de tournesol et autres aliments durs.

3

4

▴ Une fine équipe. Les couples de calopsittes nouent des liens étroits et passent souvent toute leur vie ensemble. Ces liens sont si forts que les oiseaux accordent leur emploi du temps quotidien et coordonnent leurs mouvements. Par exemple, on observe souvent des couples bouger de manière synchrone.

Une grande variété de **mutations**

Le plumage des calopsittes se caractérise par une large palette de couleurs et de magnifiques dessins.

Des mutations superbes et variées

La perruche calopsitte mesure environ 30 cm du sommet de la tête jusqu'à l'extrémité de la queue. Les animaux de type sauvage sont majoritairement gris, une couleur que l'on ne retrouve que rarement dans ces proportions chez les autres espèces. La calopsitte présente en outre une autre caractéristique qui la distingue de presque tous ses autres congénères : la huppe qu'elle porte sur la tête. Cette huppe est un trait caractéristique du cacatoès, c'est pourquoi certains ornithologues ont conclu à un lien de parenté entre notre perruche et ce gros perroquet. La calopsitte et le cacatoès présentent également des similitudes du point de vue du comportement. Il existe de nombreuses autres mutations magnifiques, en plus de celles présentées ci-contre. Par exemple, certaines calopsittes possèdent un plumage gris argent qui leur donne un air très noble. Autre mutation superbe, la mutation « cinnamon ». Le gris du plumage est remplacé par un brun clair qui évoque la couleur de la cannelle. Sinon, ces perruches ressemblent en tout point aux calopsittes sauvages. Il existe également des oiseaux blancs et jaunes aux yeux noirs, ainsi que des albinos et des lutinos aux yeux rouges. La mutation « face blanche » est également très intéressante. Le pigment jaune du plumage a totalement disparu.
Ne restent plus que du noir, du blanc et du gris. Parfois, certaines mutations sont très difficiles à obtenir. La tâche est facilitée lorsque le dessin du plumage est transmis par un gène dominant. Chaque plumage possède un dessin unique. Les combinaisons de couleurs et de dessins sont extrêmement variées.

Type sauvage
Mâle

C'est la couleur que l'on trouve dans la nature.

▸ Masque facial : le front et la face sont jaune vif. Chaque joue comporte une tache orange vif. La poitrine est d'un gris plus clair que le reste du plumage. Les ailes comportent des « mailles » blanches.

▸ Huppe : ce n'est pas le privilège des mâles ! Cette superbe parure orne également la tête des femelles. Selon l'humeur de l'oiseau, la huppe sera dressée ou aplatie, avec un grand nombre de positions intermédiaires.

▸ Plumes endommagées : les rectrices de ce mâle sont endommagées. Une cage trop petite est souvent à l'origine de ce problème.

Type sauvage
Femelle

Elle est très semblable au mâle, mais ses couleurs sont plus ternes.

▸ Une légère différence : la femelle calopsitte se distingue du mâle par ses couleurs plus ternes. La tête et la huppe sont grises et colorées d'un tout petit peu de jaune. Les taches des joues comportent également beaucoup de gris.

▸ Rectrices : autre différence majeure, le dessous de la queue. Alors qu'il est gris avec des stries jaunes chez la femelle, il est entièrement noir chez le mâle.

▸ Les jeunes : avant la première mue, le dessous de la queue des mâles est semblable à celui des femelles.

Opaline (perlée)
Femelle

Cette mutation se caractérise par un dessin magnifique. Le plumage semble parsemé de perles.

▸ Le résultat d'une sélection : Cette mutation est apparue pour la première fois en 1967. Le dessin perlé apparaît sur les couvertures alaires, la poitrine, la gorge et le croupion.

▸ Variante : parfois, les plumes claires sont bordées d'une couleur sombre, ce qui crée un effet particulièrement agréable à l'œil.

▸ Seules les femelles conservent leurs perles à l'âge adulte. Les mâles reprennent la couleur sauvage au fil des mues.

Lutinos
Le jaune domine

Outre les oiseaux panachés de jaune et de blanc, aux yeux noirs, il existe également des lutinos, aux yeux rouges.

▸ De faux albinos : les lutinos sont apparus pour la première en 1958 en Floride et sont arrivés en Europe quelques années plus tard. Au départ, on les considérait comme des albinos, et les oiseaux s'échangeaient à prix d'or.

▸ Sexage : il n'existe pas de dimorphisme sexuel chez les albinos et les lutinos. Le vétérinaire peut connaître le sexe au moyen d'une analyse ADN réalisée à partir d'une plume, ou d'un examen endoscopique.

▸ Calvitie : les lutinos présentent souvent une tonsure derrière la huppe. Ce n'est pas une maladie, il s'agit d'un défaut génétique lié aux croisements intensifs.

Le choix du partenaire

Les calopsittes peuvent vivre plus de 15 ans. Pendant toutes ces années, vous aurez la responsabilité de ces animaux vifs et intelligents.

Non à la solitude !

Dans la nature, les calopsittes vivent en bande et ont besoin de contacts étroits avec leurs congénères, et plus particulièrement avec leur partenaire. L'homme ne peut pas remplacer ce compagnon de toute une vie, même en s'occupant de son oiseau trois ou quatre heures par jour. Pour cette raison, vous devez envisager d'adopter au minimum deux calopsittes. C'est encore mieux si vous choisissez un couple déjà formé.

Une équipe soudée

Réfléchissez à l'avance aux qualités que vous souhaitez trouver chez vos nouveaux pensionnaires.

▸ **Oiseaux apprivoisés :** si vous accordez une grande importance à l'apprivoisement, commencez par accueillir un oiseau seul puis un second au bout de deux à trois semaines. Si vous vous en occupez beaucoup, les jeunes perruches se laisseront facilement apprivoiser. Lorsque le second oiseau (jeune également) arrive, il prend exemple sur le premier et se lie encore plus rapidement à son maître.

▸ **La reproduction est facile à contrôler.** En effet, sans nid, pas de couvée possible ! Pour écarter tout risque de reproduction, il est également possible d'opter pour un couple du même sexe, mâle ou femelle.

▸ **Quel âge ?** En règle générale, les jeunes oiseaux ont une meilleure capacité d'adaptation. Aussi la demande de « bébés calopsittes » est-elle très forte. Toutefois, ces derniers ne doivent pas être cédés avant l'âge de 6 semaines, âge auquel ils ne dépendent plus de leurs parents. De toute façon, les calopsittes restent facilement apprivoisables jusqu'à l'âge de 6 mois environ. Les animaux plus âgés ont besoin de plus de temps pour accorder leur confiance.

Réfléchissez bien...

Les coques des graines salissent rapidement le pourtour de la cage. Êtes-vous prêt à le tolérer ?

Aurez-vous le temps de vous occuper de vos oiseaux et de les laisser voler en liberté chaque jour ? Accepterez-vous de fermer les yeux sur les fientes ou les meubles grugés ?

Connaissez-vous une personne fiable qui pourra prendre soin de vos oiseaux en votre absence ?

Trouverez -vous un emplacement adapté pour la cage ?

Un membre de votre famille souffre-t-il d'allergie aux plumes ou à la poudre produite par le plumage ?

Tous les membres de votre famille sont-ils d'accord pour accueillir ces nouveaux pensionnaires ? Qui sera chargé de s'en occuper ?

Deux calopsittes vous apporteront deux fois plus de joie !

Les calopsittes et les enfants

De nombreux enfants souhaitent s'occuper d'un animal. Tout comme les rongeurs, les oiseaux sont très appréciés. Les calopsittes, très amicales et relativement faciles à soigner, peuvent apporter beaucoup de joie. Si vous souhaitez faire connaître cettc expérience très enrichissante à vos enfants, vous devez les guider et de les soutenir. Sinon, leur compagnon à plumes perdra rapidement de son intérêt. Donnez l'exemple et expliquez à vos enfants quels sont les besoins des perruches. Faites-leur également comprendre que ce ne sont pas des peluches. Aidez-les à nettoyer la cage, à nourrir les oiseaux et à les laisser voler en liberté. Dès l'âge de 14 ans, vos enfants seront capables d'assurer les soins tout seuls.

À SAVOIR

Des compagnons rêvés

Les refuges sont souvent pleins de calopsittes attendant un nouveau foyer.

Souvent, il s'agit de couples apprivoisés ou de gentils compagnons habitués à l'homme, qui se montrent rapidement confiants.

Lorsqu'ils font l'objet de soins attentionnés, ces oiseaux refont généralement très rapidement confiance à l'homme.

N'hésitez pas à visiter les refuges de votre région, vous ne le regretterez pas !

Bien choisir ses oiseaux

Pour vous procurer vos nouveaux compagnons, vous n'avez que l'embarras du choix. Veillez toutefois à ce que les conditions d'élevage soient optimales. Ni les oiseaux ni leur volière ne doivent être négligés.

Les yeux et le nez ne doivent présenter aucun écoulement ni croûte.

Où acheter ?

Le lieu d'achat dépend de vos attentes :

- **Les animaleries** vendent des calopsittes presque toute l'année, et proposent une grande variété de mutations. Et si la mutation désirée n'est pas disponible en magasin, les employés sont souvent en mesure de se procurer l'oiseau recherché. On trouve presque toujours des calopsittes de type sauvage.
- **Les éleveurs** sont les premiers à qui s'adresser si vous souhaitez acquérir des animaux destinés à la reproduction. Vous trouverez de nombreuses adresses dans les magazines spécialisés et sur Internet. Les bourses aux oiseaux et les expositions permettent également d'entrer directement en contact avec des éleveurs. Ces manifestations se déroulent le plus souvent à l'automne et sont organisées par les associations d'éleveurs. Elles offrent une excellente occasion d'admirer différentes mutations.
- **Les refuges** proposent souvent des calopsittes à l'adoption. On peut y trouver des mutations intéressantes. Renseignez-vous.
- **Les petites annonces** proposent souvent des calopsittes avec leur cage ou leur volière.

Les oiseaux sont-ils en forme ?

Lors du premier examen, il convient de s'éloigner le plus possible de la cage afin de ne pas perturber les oiseaux. Une perruche malade se reconnaît facilement : elle garde les yeux mi-clos, ses plumes sont ébouriffées et elle se montre très somnolente. Le plumage d'une calopsitte en bonne santé est très dense. La présence de zones déplumées peut révéler des carences ou une maladie parasitaire. Prenez le temps de bien observer le comportement des oiseaux : recherchent-ils le contact avec leurs congénères et s'occupent-ils les uns des autres ? Se nourrissent-ils, volent-ils et font-ils leur toilette ?

Un oiseau en bonne santé ne passe que très peu de temps au sol.

Sont-ils en bonne santé ?

Observez ensuite les oiseaux de plus près :

- **Les yeux et le bec :** aucun écoulement ne doit être visible. La présence de croûtes gris clair révèle une gale du bec.
- **Le cloaque** doit être propre, les plumes autour ne doivent pas être collées.
- **Les pattes.** L'absence d'une griffe, voire d'un doigt, n'est qu'un défaut purement esthétique, du moment que l'oiseau n'est pas handicapé.
- **Les parasites.** Si l'oiseau frotte souvent sa tête contre le perchoir ou se gratte continuellement, il peut souffrir d'une maladie parasitaire.
- **Si vous découvrez un oiseau malade dans une volière,** vous ne devez pas adopter d'oiseau provenant du même élevage, car il peut avoir été contaminé, même s'il ne présente aucun symptôme.

À SAVOIR

Attention à la bague !

La bague permet de garantir que l'oiseau n'a pas été prélevé dans la nature.
En France, le baguage n'est pas obligatoire pour la plupart des espèces. Toutefois, la bague donne des informations sur l'âge et l'origine des perruches.
La bague doit être fermée, en métal. L'année de naissance de l'oiseau et le numéro de l'éleveur y sont gravés. Il est ainsi possible de savoir de quel élevage provient l'oiseau.

Les informations utiles

Depuis leur introduction en Europe en 1845, les perruches calopsittes ont fait l'objet d'un élevage intensif. Depuis 1960, aucun oiseau n'est plus importé d'Australie. Ainsi, tous les oiseaux disponibles sont issus de l'élevage.

L'élevage

Les canaris, les perruches ondulées et les perruches calopsittes, qui sont élevés depuis plus d'un siècle en Europe, et ne sont plus exportées de leur pays d'origine, sont classés parmi les domestiques par l'arrêté du 11 août 2006. Leur détention et leur élevage ne sont soumis à aucune réglementation.
Les oiseaux peuvent être vendus de particulier à particulier ou dans le cadre d'expositions organisées par les associations d'éleveurs.
▸ **Pour obtenir des bagues,** il suffit de s'inscrire auprès d'une association d'éleveurs et de les commander.
▸ **En Suisse,** outre les dispositions générales relatives à la protection des animaux, l'élevage des perruches calopsittes n'est soumis à aucune réglementation particulière.

En vacances

Même si les calopsittes sont très faciles à apprivoiser, elles ne seront jamais aussi proches de vous qu'un chien ou qu'un perroquet gris du Gabon, par exemple. Aussi le problème des départs en vacances est-il plus facile à résoudre, l'idéal étant que les oiseaux restent à votre domicile et qu'une personne vienne s'en occuper chaque jour. La plupart du temps, il n'est bien évidemment pas possible de veiller sur eux toute la journée, ils n'ont donc pas la possibilité de se dégourdir les ailes en dehors de leur cage.
▸ **Première solution.** Les oiseaux restent dans leur cage habituelle et sont gardés à l'extérieur (chez un ami ou dans une pension pour animaux).
▸ **Deuxième solution.** Les oiseaux sont mis en

Bien préparer les vacances

Nettoyez à fond la cage ou la volière juste avant votre départ, afin que la personne chargée de veiller sur vos oiseaux n'ait pas à s'en soucier.

Détaillez à votre « bird-sitter » l'ensemble des soins à apporter aux oiseaux environ une semaine avant votre départ, afin d'avoir suffisamment de temps de répondre à ses éventuelles questions.

Consignez les informations et les instructions importantes par écrit, notamment votre numéro de téléphone ainsi que celui du vétérinaire. Laissez également ce livre à disposition du "bird-sitter".

Prévoyez suffisamment de nourriture, de sable et autres fournitures indispensables.

Si vous décidez de laisser voler les oiseaux en liberté pendant votre absence, la personne qui en a la charge doit bien les connaître et toujours bien les surveiller.

Vos calopsittes doivent toujours avoir des branches fraîches à disposition, même lorsque vous partez en vacances.

pension à l'extérieur, mais sont installés dans une autre cage. Cette solution perturbante pour eux ne doit être envisagée que lorsqu'aucune autre option n'est possible.

À SAVOIR

Trouver un « bird-sitter »

Les personnes de notre entourage ne sont pas toujours disponibles pour garder des oiseaux.

Prenez contact suffisamment tôt avec d'autres propriétaires d'oiseaux pour organiser des gardes réciproques de vos compagnons à plumes.

Il est également possible de s'adresser à des associations d'éleveurs ou de faire passer une annonce.

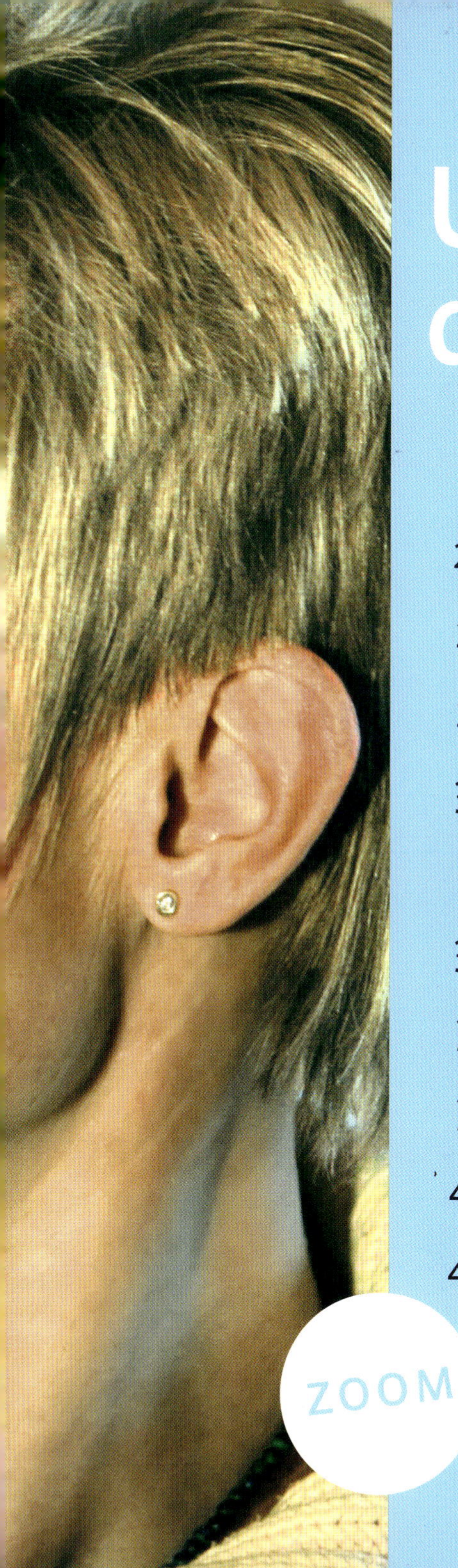

Une équipe de choc

24 L'habitat des petits voltigeurs

26 Les accessoires

28 Nouer des liens d'amitié

30 Pour bien cohabiter

32 Comprendre ses calopsittes

34 La socialisation

36 L'alimentation

38 Les aliments frais

40 Épanouis et en forme

44 En balade

ZOOM

42 Divertir ses oiseaux

L'habitat des petits voltigeurs

La cage est l'endroit où vos calopsittes, comme la plupart des oiseaux de compagnie, passent la majeure partie de leur vie. Les cages les plus belles ne sont pas les plus adaptées : ne vous laissez pas séduire par une forme originale ou de quelconques ornements, mais veillez à ce que la cage soit solide et de bonne dimension.

Optez pour un modèle rectangulaire simple. Ces cages sont les plus adaptées et les plus faciles à entretenir. Deux parois au minimum doivent être munies de barreaux horizontaux afin que les calopsittes puissent y grimper facilement. Choisissez naturellement la plus grande cage possible. Les modèles mesurant moins de 80 cm de longueur sont surtout adaptés au transport des oiseaux et ne conviennent pas à un hébergement permanent.

Dans une volière extérieure, les perruches peuvent profiter du soleil et du grand air.

Les autres possibilités

Que vos calopsittes vivent en cage ou en volière d'intérieur, il est important qu'elles puissent voler chaque jour en liberté. Même si vous n'avez pas suffisamment de temps pour lâcher vos oiseaux quotidiennement, vous devez leur offrir suffisamment d'espace pour qu'ils puissent s'ébattre.

▸ **Volière d'intérieur.** Les calopsittes doivent avoir la possibilité de voler sur une distance de 4 mètres au minimum. Si vous avez suffisamment de place, c'est une excellente solution d'hébergement. La volière peut être aménagée à l'aide de branchages, de sarments de clématite et d'un morceau de tronc évidé en guise de nichoir.

▸ **Volière d'extérieur.** Un grand nombre de personnes auraient la possibilité d'aménager une

volière d'extérieur, mais peu le font.
Il n'y a pourtant rien de mieux pour nos oiseaux que de pouvoir voler à l'extérieur aux beaux jours. Ils apprécient l'air frais, la lumière du soleil et la chaude pluie d'été, qui contribuent à les maintenir en bonne santé et surtout à entretenir leur plumage. Les perruches supportent également parfaitement des températures basses. Toutefois, si vous les laissez à l'extérieur en hiver, vous devez prévoir un abri chauffé. La volière doit également être partiellement couverte pour offrir suffisamment d'ombre aux oiseaux et les protéger des attaques des oiseaux de proie et des carnassiers comme la martre.

Même en cage, les oiseaux doivent toujours avoir la possibilité de faire de l'exercice.

> **À SAVOIR**
>
> **Une cage pratique**
>
> **Les portes** doivent être grandes et en nombre suffisant afin que vous puissiez atteindre facilement tous les recoins de la cage.
> **Le bac** doit être muni d'un tiroir amovible pour faciliter le nettoyage et remplacer régulièrement le sable.

L'emplacement de la cage

Un coin de pièce lumineux est l'emplacement idéal pour une cage. Elle ne doit en aucun cas être installée au beau milieu de la pièce. Dans l'idéal, le perchoir le plus élevé doit être installé au-dessus de la hauteur des yeux. En effet, les oiseaux se sentent plus en sécurité s'ils dominent leurs observateurs. Veillez également à ce qu'ils ne soient pas soumis à des variations brutales de température ou à des courants d'air, qui peuvent les rendre très malades. La fumée de cigarette et les vapeurs de cuisine sont également nocives pour les poumons de nos petits compagnons.

Les accessoires

Pour que vos calopsittes se sentent parfaitement bien, il vous reste encore à aménager l'intérieur de la cage ou de la volière.

Les perchoirs

Les perchoirs en plastique livrés avec la plupart des cages sont certes faciles à nettoyer, mais leur surface lisse ne permet pas aux oiseaux d'user leurs griffes, qui deviennent rapidement trop longues. C'est pourquoi il est préférable de les troquer contre des branches naturelles. Ces dernières sont souples et ploient légèrement lorsque l'oiseau se perche, ce qui ménage ses articulations tout en sollicitant ses muscles. Les branches d'arbres fruitiers, saule, hêtre, peuplier, aulne ou bouleau sont tout à fait adaptées. Installez les branches pour que l'oiseau puisse voler de l'une à l'autre, en veillant à ce que les perchoirs, la nourriture ou l'eau qui se trouvent en dessous ne puissent pas être souillés par les déjections. Les rameaux et branches naturelles (avec leurs feuilles et leurs bourgeons) ont un autre effet bénéfique : les perruches les grugent avec enthousiasme, ce qui les divertit et leur permet d'absorber en même temps des minéraux essentiels.

Aménager l'intérieur de la cage

N'encombrez pas la cage avec les perchoirs, les oiseaux ont besoin d'espace pour bouger.

Veillez à laisser suffisamment d'espace entre les perchoirs et les parois de la cage, pour préserver la queue de vos oiseaux.

Disposez certains perchoirs de biais : dans la nature les branches ne sont pas toutes horizontales. Réfléchissez à la manière dont vous pouvez exploiter la cage pour stimuler vos oiseaux.

Les mangeoires et abreuvoirs

Dans les distributeurs, les graines restent toujours propres, mais certains oiseaux picorent uniquement leurs graines préférées, les autres tombant au fond de la cage. Avec le temps, non seulement cela revient cher, mais peut également conduire à des carences alimentaires. Il vaut donc mieux opter pour des écuelles métalliques que l'on accroche aux barreaux, faciles à nettoyer. Pour l'eau, choisissez une fontaine. Bien évidemment, les oiseaux malades, qui passent beaucoup de temps au sol, doivent avoir à disposition une écuelle d'eau et de la nourriture en quantité suffisante.

Les baignoires

Le bain quotidien est important pour l'entretien du plumage. Il contribue au bien-être des oiseaux et constitue un excellent divertissement pour la plupart d'entre eux. Les modèles les plus appropriés sont les baignoires en plastique qui s'accrochent à l'entrée de la cage, faciles à nettoyer. Leur taille doit être adaptée à celle des oiseaux. Vous pouvez également disposer un récipient en terre cuite au fond de la cage. Veillez toutefois à ce que l'eau ne puisse pas être souillée par les déjections des oiseaux perchés au-dessus. Ce point est essentiel, car la plupart des calopsittes utiliseront cette eau non seulement pour barboter, mais également pour boire.

▸ La douche. Ne soyez pas déçu si vos oiseaux ne se baignent pas. De nombreuses calopsittes préfèrent se rafraîchir sous un vaporisateur ou dans un « bain » de feuilles humides ou de salade croquante !

Un petit tête-à-tête sur une balançoire renforce les liens familiaux.

Le sable

Le sol de la cage ou de la volière doit être recouvert d'une fine couche de sable, qui absorbe les déjections et garantit ainsi une meilleure hygiène. En outre, il joue un rôle important dans la digestion des granivores (page 37). Il existe différentes sortes de sable pour oiseaux dans le commerce, mais le sable anisé est le plus adapté. Les feuilles sablées pour fond de cage ne sont pas recommandées, car les perruches ne peuvent pas absorber le sable qui les recouvre. Les perchoirs minéraux ne conviennent pas non plus. Ils peuvent causer de graves irritations et des inflammations des doigts. Dans les volières extérieures, vous pouvez proposer à vos oiseaux du sable et du gravier dans une écuelle.

À SAVOIR

Prenez exemple sur la nature !

La nature offre un modèle parfait pour l'aménagement de la cage.
Les perchoirs doivent être de diamètres différents, les doigts des oiseaux ne doivent pas pouvoir en faire complètement le tour.
Si vous les fixez d'un seul côté de la cage, ils pourront ployer légèrement.

Nouer des liens d'amitié

Une fois la cage ou la volière aménagée, installez-y vos nouveaux compagnons. Il ne vous reste plus qu'à gagner leur confiance !

Sur le chemin du retour

Si le vendeur vous propose une boîte de transport, n'hésitez pas à l'accepter. Vous en aurez besoin non seulement pour ramener vos compagnons à bon port, mais également plus tard pour aller chez le vétérinaire. Les boîtes en carton peuvent être facilement déchirées par une calopsitte, et une personne inexpérimentée aura souvent du mal à faire passer ses oiseaux du carton à la cage. Le transport dans une cage est une mauvaise idée, le risque de blessure est trop important.

Ce « calumet de la paix » vient à bout de la plupart des calopsittes et vous permet de tisser les premiers liens avec vos farouches compagnons.

L'installation

Mieux vaut installer directement les nouveaux venus dans leur nouvelle demeure : il suffit de laisser la boîte ouverte sur le sol de la cage ou de la volière. Laissez aux oiseaux le temps dont ils ont besoin pour sortir de la boîte. Vous ne devez en aucun cas tenter de les « motiver » en tapotant ou en secouant la boîte, vous ne feriez que les effrayer davantage.

▸ **Un saut dans l'inconnu.** Les calopsittes sont bien évidemment perturbées : elles ont été arrachées à leur environnement familier, transportées dans une boîte sombre et ballottées durant le transport, pour se retrouver dans un environnement inconnu, chez des étrangers. C'est pourquoi vous devez laisser les oiseaux tranquilles les premiers jours et vous limiter aux manipulations indispensables.

Gagner leur confiance

Une perruche seule, qui ne sera rejointe qu'ultérieurement par un compagnon, a besoin de passer quelques jours au calme, car elle supporte assez difficilement le fait d'avoir été brutalement séparée de ses congénères. Si vous avez adopté deux perruches en même temps, elles retrouveront très rapidement leur gaieté habituelle. Malgré tout, les calopsittes ne doivent pas être trop sollicitées, car cela les insécurise davantage et leur confiance devient encore plus difficile à gagner.

À SAVOIR

Le bon timing

Les calopsittes ont beaucoup de mal à s'orienter dans l'obscurité et paniquent facilement. **L'installation des nouveaux venus** doit donc avoir lieu de préférence le matin ou à midi. Ainsi, les animaux ont suffisamment de temps pour se familiariser avec leur nouvel environnement. **Si les oiseaux arrivent chez vous tard le soir,** aidez-les à s'orienter en laissant la lumière allumée.

Les graines de tournesol sont parfaites pour se faire des amis !

Une fois que les nouveaux venus commencent à sortir de leur réserve, vous pouvez nouer les premiers contacts. Les animaux seront plus faciles à apprivoiser si vous prenez d'abord un seul oiseau et que vous accueillez le second environ deux semaines plus tard. Le cas échéant, vous devrez vous occuper ensuite des deux oiseaux séparément.

▸ Les paroles calmes et amicales constituent le meilleur point de départ pour gagner la confiance de vos calopsittes. Pendant que vous vous rapprochez de la cage, parlez doucement à vos petits compagnons à plumes.

Pour bien cohabiter

Du fait de leurs conditions de vie dans leur habitat naturel, en Australie, les perruches calopsittes sont des oiseaux toujours sur le qui-vive. Pour pouvoir apprivoiser vos nouveaux amis, vous devez impérativement tenir compte de ce comportement instinctifs.

Cet oiseau est confiant : il n'a plus peur de la main humaine.

La crainte de la main humaine

Les oiseaux perçoivent la main humaine comme une grande menace, notamment si elle arrive d'en haut, car elle leur évoque l'attaque d'un prédateur. La première règle est donc de faire comprendre à l'oiseau qu'il n'a rien à craindre de vous.

▸ **Les idées fausses.** Peut-être avez-vous lu dans des livres plus anciens qu'il était bon de tailler quelques rémiges pour apprivoiser l'oiseau plus rapidement. Oubliez cela tout de suite. Ce n'est vraiment pas un bon moyen de se lier d'amitié avec une perruche !

▸ **Les récompenses.** La nourriture reste le moyen le plus efficace d'apprivoiser ses oiseaux. Tendez à la perruche un aliment qu'elle aime avec la main, par exemple une petite branche de millet ou une feuille de salade, d'abord à travers les barreaux, puis plus tard à l'intérieur de la cage. Elle va commencer par s'y intéresser, sans avoir le courage de venir le chercher. Mais si vous lui proposez patiemment un peu de nourriture tous les jours tout en lui parlant amicalement, elle finira par monter sur votre main, d'abord avec moult hésitations, mais vous verrez qu'elle ne tardera pas à sauter tout naturellement sur votre main tendue.

Le repos nocturne

Chaque activité de vos calopsittes s'accompagne de manifestations sonores que vous ne goûterez pas forcément, notamment l'été lorsque le soleil se lève tôt ! Leur cri peut être parfois strident et puissant (et donc pas toujours mélodieux). Il est possible de maîtriser leurs cris en recouvrant simplement la cage d'un tissu sombre le soir. Dès que l'on retire le tissu le matin, les perruches se « réveillent » et se lancent gaiement dans leurs activités quotidiennes. Les oiseaux apprivoisés s'adaptent souvent au rythme de vie de leur propriétaire et se tiennent tranquilles jusqu'à ce qu'il sorte de son lit. Toutefois, de nombreux oiseaux se sentent mal à l'aise sous le tissu,

La main a toujours une délicieuse friandise à offrir. Ici, un morceau de pomme.

certains paniquent même. Installez-les plutôt dans une pièce sombre et veillez à ce qu'ils bénéficient d'une longue nuit de repos après 12 heures d'activité. S'ils sont installés dans la même pièce que la télévision, qui reste souvent allumée tard le soir et produit une lumière vive, il faut impérativement couvrir la cage, car cela irrite énormément les calopsittes. En revanche, les voix et la musique ne les dérangent pas autant. Même en extérieur, les calopsittes mènent une vie très réglée, rythmée par le lever et le coucher du soleil. Un rythme de vie irrégulier ou une exposition insuffisante à la lumière naturelle peuvent entraîner des problèmes de plumage ou des maladies.

À SAVOIR

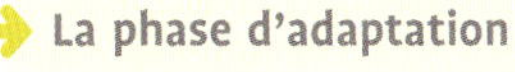

La phase d'adaptation

Le vol en liberté ne doit être au programme que si l'oiseau est apprivoisé.

Deux à trois semaines d'attente sont généralement nécessaires, en fonction de la confiance que vous accordent vos calopsittes. Les oiseaux qui ont encore peur de la main de l'homme ne retournent pas toujours seuls dans leur cage, et doivent donc être capturés.

Ce délai permet également aux perruches de se familiariser tranquillement avec la pièce dans laquelle elles voleront en liberté.

Comprendre ses calopsittes

Comme de nombreux autres animaux vivant en communauté, les calopsittes ont recours à des comportements complexes pour communiquer.

La huppe

Elle constitue la caractéristique la plus frappante de ce bel oiseau. Son caractère esthétique n'est toutefois pas le plus important. La huppe joue en effet un rôle majeur dans la communication, car elle permet à l'oiseau d'exprimer son humeur.

▸ **La curiosité** se manifeste par une huppe dressée. Quelque chose a attiré l'attention de l'oiseau, ou il est d'humeur entreprenante.

▸ **La décontraction** se manifeste par une huppe relâchée ou légèrement dressée.

▸ **Si la calopsitte a peur** ou qu'elle se défend, elle tient sa huppe très raide. L'oiseau est sur ses gardes.

Le langage corporel des calopsittes

Si vous comprenez le comportement de vos amis à plumes, vous pourrez répondre encore mieux à leurs besoins.

▸ **Au réveil,** l'étirement des ailes et des pattes et les ébrouements servent à stimuler les muscles et la circulation sanguine et à remettre les plumes en ordre.

▸ **Le frottement** de la tête et du bec fait partie du rituel de la toilette. Des frottements répétés peuvent toutefois révéler la présence de parasites. On a également évoqué le fait que ce comportement puisse survenir dans un contexte conflictuel, lorsque l'oiseau hésite entre deux activités. On parle alors d'activité de substitution.

▸ **Le gonflement des plumes** peut avoir plusieurs significations. Le plumage est un petit chef-d'œuvre de la nature. Il permet non seulement à l'oiseau de voler, mais également de réguler sa température. Le gonflement permet de créer des « matelas d'air » entre les plumes pour conserver la chaleur. Les calopsittes gonflent leurs plumes au moment de dormir et cachent leur tête dans le

Le langage corporel et sonore

Le langage sonore joue un rôle majeur chez les calopsittes. Outre le crachement, les oiseaux communiquent par exemple en émettant des appels pour retrouver le groupe lorsqu'ils ont perdu leur chemin, ou en poussant un cri d'alarme à l'approche des prédateurs.

Le langage corporel des calopsittes présente des similitudes avec le langage corporel humain. Lorsque l'oiseau ne se sent pas en sécurité, il se fait discret et tout petit en plaquant ses plumes contre son corps. S'il veut apparaître menaçant, il écarte largement les ailes.

Lorsqu'une perruche écarte légèrement les ailes et garde le bec ouvert, c'est souvent parce qu'elle a chaud. Elle tente ainsi de se rafraîchir. Si l'oiseau est à l'extérieur, il doit absolument avoir la possibilité de se mettre à l'ombre.

plumage de leur dos pour ne pas perdre de chaleur. Ne les dérangez pas à ce moment-là, elles pourraient prendre peur et se blesser. La perruche gonfle également son plumage lorsqu'elle a froid. S'il est gonflé en permanence, il est possible que l'oiseau soit malade.

▸ Une perruche consacre beaucoup de temps à sa toilette quotidienne. Le plumage doit toujours être bien entretenu, afin de rester fonctionnel. Chez les oiseaux sauvages, c'est une question de survie. Ils doivent être en mesure de s'envoler à tout moment.

Une huppe légèrement dressée est un signe de curiosité et d'attention.

Les relations avec les congénères

Le fait de posséder deux ou plusieurs perruches permet d'observer leur comportement social. Les oiseaux en couple s'occupent tendrement l'un de l'autre, font presque tout ensemble, du repas jusqu'à la toilette des endroits difficiles d'accès. La tête inclinée offerte au partenaire est une invitation aux gratouilles. Bien que les calopsittes soient des oiseaux très amicaux, ils arrivent qu'elles se battent, sans se blesser la plupart du temps. Posture déterminée, « crachement » intimidant, ailes écartées... Un oiseau a plusieurs possibilités pour remettre un rival à sa place. Si cela ne suffit pas, il n'hésitera pas à utiliser son bec.

À SAVOIR

Au-delà des espèces

Le langage corporel et sonore des calopsittes leur permet non seulement de se faire comprendre de leurs congénères, mais également de l'homme.

L'invitation aux gratouilles est une véritable preuve de confiance, à laquelle vous devez absolument répondre.

Le crachement est un avertissement non équivoque, qui nécessite de garder ses distances. La calopsitte désire simplement être tranquille.

La socialisation

Les perruches calopsittes vivent en harmonie avec leurs congénères. Une volière suffisamment spacieuse peut accueillir une dizaine de calopsittes, voire plus, sans que cela ne pose de problèmes particuliers.

Les autres oiseaux

Avant d'introduire un nouvel oiseau auprès d'une ou plusieurs calopsittes déjà établies, vous devez tenir le nouveau venu à l'écart pendant deux à trois semaines. Cela permet d'éviter une éventuelle contamination. Par ailleurs, ces quelques semaines vous laissent l'occasion de vous occuper de votre nouveau pensionnaire.

▸ Les oiseaux doivent d'abord faire connaissance à distance, chacun dans sa propre cage que vous pouvez placer l'une à côté de l'autre. Le premier véritable contact doit avoir lieu en dehors de la cage. Les oiseaux doivent ensuite se rencontrer exclusivement au cours de leurs sorties, pendant environ une semaine. S'ils s'entendent bien, vous pouvez les installer dans la même cage. En revanche, s'ils se bagarrent, vous devrez tout reprendre depuis le début.

▸ La socialisation des oiseaux qui ont vécu longtemps seuls ou qui sont très familiarisés avec l'homme peut s'avérer problématique. Le congénère sera perçu comme un rival, ce qui peut être à l'origine de très graves bagarres dans certains cas exceptionnels. Demandez l'aide d'un spécialiste, qui vous aidera à habituer les oiseaux l'un à l'autre.

Bien assortis : ces deux-là sont en harmonie, et pas seulement du point de vue de la couleur !

Tolérantes et pacifiques

Les calopsittes s'entendent également très bien avec les oiseaux d'autres espèces. Les perruches ondulées et même les petits mandarins n'ont rien à craindre d'elles. Il faut toutefois veiller à ne pas installer les calopsittes avec des fauteurs de troubles comme les inséparables roseicollis *(Agapornis roseicollis)*, qui adorent mordre les pattes. Une grande volière vous permettra ainsi d'accueillir une grande communauté d'oiseaux bigarrés et d'observer le comportement de nombreuses espèces. Veillez toutefois à prévoir suffisamment de refuges, comme des branchages feuillus par exemple.

Deux perruches australiennes qui s'entendent bien et partagent les mêmes goûts.

Chats, chiens et compagnie

Une calopsitte normalement socialisée représente rarement un danger pour les autres animaux. Il faut néanmoins se montrer prudent. Les chats et les chiens notamment peuvent blesser les oiseaux. Un chien bien dressé peut certes apprendre à tolérer ou à ignorer les oiseaux, mais surveillez-le étroitement quand les oiseaux sont de sortie. Un chat, lui, ne se privera pas d'importuner les oiseaux dans leur cage. Les calopsittes très habituées à l'homme se montrent parfois jalouses vis-à-vis des autres animaux. Elles peuvent même se montrer agressives envers les rongeurs et les lapins. Toutefois, les lapins savent généralement bien se défendre.

À SAVOIR

La socialisation dans une grande volière

L'introduction de nouveaux oiseaux est plus simple dans une grande volière.

Après une période de quarantaine, vous pouvez simplement déposer la cage sur le sol de la volière et laisser l'oiseau découvrir son nouvel environnement.

La volière doit offrir de nombreux abris afin que l'oiseau puisse se réfugier au calme.

Observez ensuite les oiseaux et n'intervenez qu'en cas de querelles sérieuses ou répétées.

L'alimentation

Dans leur environnement naturel, les perruches calopsittes ont rarement le choix et doivent se contenter de ce que la nature leur offre.

Les mélanges de graines

Les calopsittes sauvages se nourrissent principalement des graines de différentes graminées, ce dont il faut naturellement tenir compte pour nourrir vos perruches. De nombreuses calopsittes domestiques se découvrent rapidement une préférence pour certaines graines. Pour cette raison, vous devez constamment veiller à ce qu'elles bénéficient d'une alimentation équilibrée.
On trouve dans le commerce des mélanges de graines sous l'appellation « aliments pour grandes perruches ». Parfois, une calopsitte est même représentée sur le paquet. Toutefois, ne soyez pas surpris si vos oiseaux laissent certaines graines de côté. Ces mélanges ne sont pas conçus pour répondre aux besoins d'une espèce en particulier, mais plutôt pour que chaque espèce de grandes perruches y trouve son compte.

Un épi de maïs est non seulement délicieux, mais également très divertissant car les grains doivent être extraits un à un.

- Proposez à vos calopsittes un mélange de graines pour perruches ondulées et pour canaris et complétez avec quelques graines de tournesol. Ainsi, elles auront à leur disposition plusieurs sortes de millet, de l'alpiste, de la navette, des graines de niger et de l'avoine décortiquée. En période de reproduction, ces graines peuvent également être proposées germées (page 39).
- Les graines de tournesol sont très grasses et doivent donc être données avec modération. L'idéal est de les donner en récompense ou pour inciter l'oiseau à jouer.
- Les graines fraîches. Les oiseaux adorent consommer les graines directement sur la plante. Les millets jaune et rouge sont particulièrement appréciés. On peut parfois trouver en animalerie du millet blanc frais (vert) de juillet à début octobre, séché le reste de l'année.

Les friandises

Les animaleries en proposent de toutes les sortes : baguettes, bâtonnets et autres sticks, biscuits, cloches, godets... Les oiseaux adorent les grignoter. Il est absolument essentiel que les oiseaux aient plusieurs possibilités de se divertir, car les calopsittes sont sujettes à l'ennui. Toutefois, ces friandises doivent rester exceptionnelles, car elles sont très caloriques. Mieux vaut récompenser vos oiseaux en leur donnant plus souvent des fruits.

Sable et gravier

Deux points importants à ne pas oublier : tous comme la plupart des granivores, les calopsittes absorbent des grains de sables et des gravillons qui jouent un rôle important dans la digestion. Les petits grains de sable broient les graines et les rendent plus digestibles. Ainsi, les nutriments sont mieux absorbés. Les oiseaux doivent toujours avoir du sable (gravier ou sable anisé) à disposition, que ce soit au fond de la cage ou dans une écuelle.

Le millet est également apprécié des oiseaux malades.

À SAVOIR

Quelles quantités ?

Un oiseau affamé s'affaiblit et tombe malade rapidement.
Pour une calopsitte, 40 à 50 g de graines par jour suffisent. Il doit tout de même en rester un peu dans la mangeoire.
Jetez les coques vides restées en surface, car certains oiseaux ne savent pas chercher les graines en dessous.
Les oiseaux doivent toujours avoir de l'eau fraîche à disposition dans un abreuvoir propre.

Les aliments frais

Les perruches calopsittes adorent manger de la verdure, c'est pourquoi il convient de leur proposer au minimum quelques feuilles de salade verte biologique, lavées et séchées avec du papier absorbant. Pour ceux qui possèdent un jardin, rien de plus facile – vous trouverez très certainement du mouron des oiseaux poussant dans un coin.
Les aliments frais sont une composante essentielle de l'alimentation et sont une source de vitamines, de minéraux et d'oligo-éléments. C'est pourquoi ils doivent figurer quotidiennement au menu de vos compagnons à plumes.
Ils permettent également de varier les plaisirs.

Privilégier la variété

Vous pouvez servir à vos oiseaux différentes sortes d'aliments frais, en fonction de la saison.

Si vous ne possédez pas de jardin, vous pourrez trouver une large variété de fruits et de légumes dans le commerce. Toutefois, préférez-les bio.

Le mouron des oiseaux que l'on trouve dans le jardin est très apprécié, ainsi que la salade et le persil, que l'on trouve facilement dans le commerce.

Vous pouvez rapporter de vos promenades de jeunes pousses, des fleurs ou des graines mi-mûres de pissenlit, de l'achillée, du pâturin, de la bourse-à-pasteur ou de l'oseille.

En outre, vous pouvez proposer chaque jour à vos oiseaux un morceau de pomme ou de carotte. Certains préféreront peut-être les poires, les kiwis, les melons, les oranges, les mandarines, les groseilles, les cerises ou les fraises.

On trouve parfois en animalerie des pots avec des graines à faire pousser soi-même, ce qui peut constituer un apport supplémentaire de verdure.

Des aliments frais pour garder la forme

Les aliments frais sont incontournables, mais ils doivent être d'une qualité irréprochable, afin d'être sans danger pour les oiseaux.

▸ **Les fruits et légumes** du commerce doivent être lavés et éventuellement pelés. Renoncez à la laitue, souvent très chargée en nitrates.

▸ **La verdure que vous cultivez vous-même** ne doit pas pousser près d'une route très fréquentée, à cause de la pollution trop importante. En outre, vous devez absolument veiller à ce que les graminées, les branches et les herbes ne soient pas souillées par des déjections de chien ou d'oiseau.

▸ **Les aliments frais ne doivent pas être moisis ou pourris,** sinon ils pourraient rendre les oiseaux malades. Le principe est simple : ne donnez pas à vos perruches des fruits ou de la salade que vous ne mangeriez pas vous-même ! Vous serez ainsi sûr de ne pas vous tromper.

▸ **Les préparations vitaminées** peuvent rendre bien des services en cas de maladie, pendant la mue ou en période de reproduction et de croissance des jeunes, mais elles ne remplacent toutefois pas les aliments frais. Les blocs minéraux et les os de seiche permettent de couvrir les besoins en minéraux essentiels.

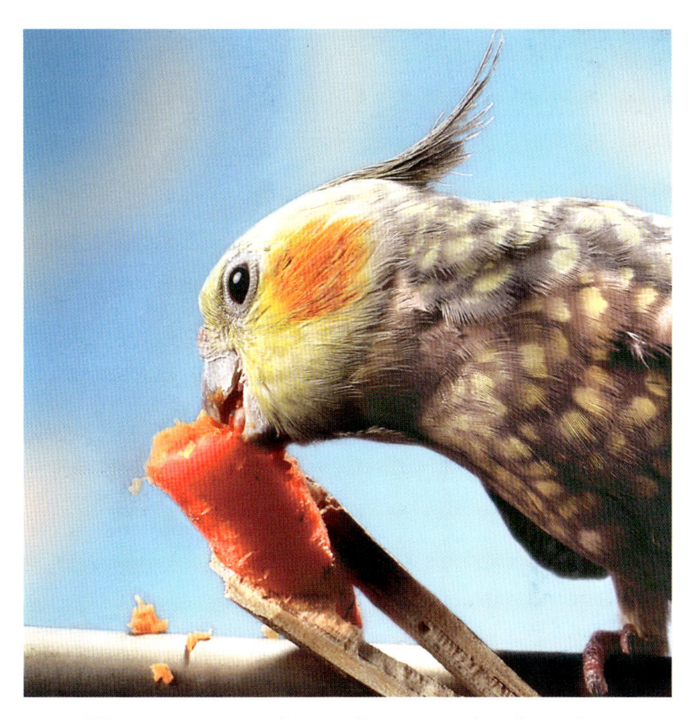

Cette délicieuse carotte est bien meilleure croquée telle quelle que coupée en petits morceaux dans une mangeoire !

Les graines germées

Si vous souhaitez faire plaisir à vos oiseaux tout en leur garantissant un excellent apport en vitamines, vous pouvez leur proposer des graines germées. Elles sont non seulement plus tendres mais également très nutritives. Les éleveurs ont ainsi à leur disposition un aliment particulièrement approprié pour l'élevage. Seul inconvénient : les graines germées ne se conservent pas longtemps. Par temps chaud, elles commencent à fermenter au bout de quelques heures seulement et sont alors impropres à la consommation. Les mangeoires doivent être nettoyées avec soin quotidiennement.

▸ Déposez une partie de la ration quotidienne de graines dans une passoire et rincez-la soigneusement sous l'eau courante. Laissez tremper la passoire avec les graines à l'intérieur pendant 5 heures dans un saladier rempli d'eau afin qu'elles s'imbibent bien, puis rincez-les à nouveau. Déposez ensuite la passoire au-dessus d'un saladier vide puis recouvrez le tout d'un torchon propre. Rincez-les graines sous l'eau au moins une fois par jour (plus la température ambiante est élevée, plus vous devrez le faire souvent), pour éviter que les graines pourrissent ou moisissent. Vous pouvez donner les graines à vos perruches dès qu'elles commencent à germer.

À SAVOIR

Un jardin sur votre balcon

Il est facile de vous assurer un ravitaillement constant en aliments frais.
Semez quelques graines dans un pot peu profond dans lequel vous aurez disposé de la tourbe sans engrais.
Quand la plante mesure environ 10 cm de hauteur, vous pouvez la donner à vos oiseaux.
Les oiseaux se régaleront encore plus si vous attendez que la plante porte des panicules et que vous placez le pot dans la cage. Entre-temps, ajoutez un peu d'engrais.

Épanouis et en forme

Les calopsittes domestiques mènent une vie confortable et insouciante, mais souvent très ennuyeuse ! En effet, elles ont beaucoup de « temps libre », car elles n'ont plus à se préoccuper de leur nourriture, de leurs prédateurs ou de leur reproduction. C'est pourquoi vous devez absolument tenter d'égayer leur quotidien.

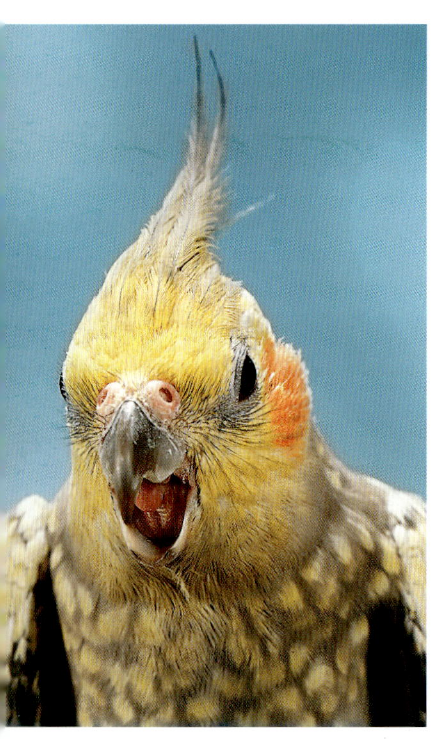

L'ennui peut également être une cause d'agressivité.

La décoration intérieure

La plupart des perruches passent la majeure partie de leur vie dans leur cage ou leur volière, vous devez donc varier les plaisirs.

▸ **Les rameaux et branches** à escalader et à gruger doivent être installés en petit nombre dans la cage, afin de ne pas l'encombrer. Vous pouvez tout de même en ajouter quelques-uns, fixés verticalement contre les barreaux pour économiser de la place par exemple, ou en guise de perchoirs sains et naturels. Les calopsittes en retireront encore plus de plaisir si les branches sont feuillues et qu'elles portent des bourgeons ou des fruits.

▸ **Une balançoire ou un anneau** installés à l'intérieur de la cage permettent à l'oiseau d'entretenir son sens de l'équilibre, lorsqu'il atterrit ou se balance par exemple. La plupart des calopsittes adorent se balancer.

▸ **Installez les fruits** à différents endroits de la cage, coincés entre les barreaux, plantés sur un bâton ou suspendus.

▸ **Privilégiez les couleurs vives** et la variété lors de l'aménagement de la cage, car vos calopsittes savent très bien distinguer les formes et les couleurs. Veillez toujours à modifier un élément ou un autre. Vous pouvez utiliser des bandes de papier colorées, des fleurs d'hibiscus ou un jouet multicolore.

Les petits cadeaux

Surprenez régulièrement vos calopsittes avec un petit « cadeau » qu'elles pourront examiner de près. Un nouveau caillou sur le sol de la cage éveille leur intérêt et vous remarquerez qu'elles lui jetteront d'abord des regards méfiants avant que la plus courageuse se risque enfin à descendre pour l'observer de plus près. Ce genre d'exercice vous permettra ainsi de connaître la personnalité de chaque oiseau. Une coquille de moule ou d'escargot suffit également à éveiller la curiosité des oiseaux.

Une branche feuillue est un vrai bonheur pour l'oiseau.

Apprendre à parler à vos perruches

Voilà une excellente opportunité de divertir vos oiseaux, même s'il ne faut pas fonder trop d'espoirs sur la calopsitte dans ce domaine... En revanche, elle est douée pour apprendre à siffler de courtes mélodies, et elle n'a pas besoin de suivre un entraînement spécial pour y parvenir ! Toutefois, si vous tenez absolument à ce que votre oiseau parle, vous aurez besoin de beaucoup de patience, de cohérence... et d'un oiseau doué ! Car toutes les calopsittes n'ont pas les mêmes aptitudes. Il convient de prononcer le mot ou de siffler la mélodie le plus souvent possible. Le crépuscule est le meilleur moment pour l'entraînement, et il faut écarter tout ce qui pourrait distraire l'oiseau. La plupart des calopsittes se montrent plus douées pour siffler. Les mâles possèdent par nature un répertoire plus large et sont de meilleurs imitateurs.

À SAVOIR

 **Les talents d'imitateur de la calopsitte**

Toutes les calopsittes ne sont pas capables de répéter des mots.

Si l'entraînement reste peine perdue, cherchez à savoir si votre oiseau ne possède pas d'autres talents que vous pouvez encourager.

Les perruches australiennes sont souvent des imitateurs doués. Faites-leur entendre assez souvent une sonnerie, par exemple celle de votre téléphone mobile. Il se pourrait bien que les oiseaux sachent bientôt parfaitement l'imiter.

Divertir ses oiseaux

Les psittacidés sont intelligents et ne sont jamais plus heureux que lorsqu'ils doivent faire fonctionner leur cervelle ! Les jouets sont parfaits pour cela.

Bien que les calopsittes s'occupent beaucoup entre elles, les jouets apportent un peu de variété dans leur vie. Veillez toutefois à ce qu'elles ne puissent pas se blesser avec. Les bords coupants, les échardes, les petites pièces, voire le plastique, sont dangereux. Les matériaux naturels sont préférables. Toutefois, vérifiez régulièrement que les fils des cordes en sisal par exemple ne se défont pas, car ils pourraient s'enrouler autour des pattes des oiseaux et leur couper la circulation.

Les jouets sont très amusants, surtout lorsqu'ils permettent de taquiner le copain !

1 Se nourrir en s'amusant

La quête de nourriture occupe une grande partie de la journée des calopsittes sauvages, et les conduit souvent à parcourir de grandes distances. Vous ne devez pas rendre la tâche aussi difficile à vos petits compagnons, mais n'hésitez pas à les mettre un peu au défi ! Donnez-leur de temps en temps des fleurs de tournesol entières à grignoter, cachez des friandises sous une serviette en papier ou dans un carton rempli de feuillage.

2 Les arbres à perruches

L'escalade fait partie des activités favorites de ces oiseaux alertes. Les animaleries proposent une grande variété d'arbres à perruches de toutes tailles. Si vous êtes doué de vos mains, vous pouvez facilement en construire un et l'installer à l'abri des courants d'air dans la pièce où vos oiseaux volent en liberté. La branche principale doit présenter des ramifications de diamètre différent, afin que l'oiseau puisse se percher et grimper. Vous pouvez rendre l'arbre encore plus intéressant en y accrochant des cordes, des échelles, des clochettes, des balançoires et quelques anneaux.

3 Un travail d'équipe

Quelques friandises judicieusement choisies vous permettront de faire faire des tours amusants à vos oiseaux, comme passer à travers un anneau de bois ou sauter sur un cube. Reste à savoir quelles sont les friandises préférées de vos calopsittes ! Les graines de tournesol tiennent le haut du pavé, mais il ne faut pas en abuser. Sinon, les fruits et les légumes font aussi très bien l'affaire.

En balade

Les nouvelles venues doivent impérativement s'acclimater et faire connaissance avec leur nouvel environnement depuis l'intérieur de leur cage, afin de prévenir d'éventuels accidents dus à une méconnaissance des lieux. Il est tout aussi important que les oiseaux vous fassent confiance. En effet, vous vous épargnerez beaucoup de stress, et à eux aussi, s'ils n'ont plus peur de votre main et rentrent volontairement dans leur cage après une sortie.

L'excitation de la première sortie

Lorsque vous ouvrirez la porte de la cage pour la première fois, il ne se passera rien pendant un long moment. En effet, des heures peuvent s'écouler avant que les oiseaux osent sortir et explorer la pièce.
▸ **Lorsqu'ils sortent enfin,** ils choisissent le point le plus haut pour se percher, comme une tringle à rideau ou un plafonnier. Encore une fois, il peut s'écouler plusieurs heures avant que les calopsittes retournent dans leur cage pour manger.
▸ **Tant que la nourriture est placée uniquement dans la cage,** le « retour au bercail » se déroulera sans problème. Mais si une perruche refuse de retourner dans sa cage, ce qui peut se produire au début, vous ne devez surtout pas tenter de l'attraper de force : vous ne réussiriez qu'à l'effrayer, et pour longtemps. Attendez qu'il fasse sombre, puis attrapez prudemment l'oiseau avec un gant en cuir ou un linge épais.

Des places au premier rang

Les oiseaux en liberté se perchent volontiers sur les cadres ou les armoires, mais rien ne vaut une branche ! Si vous avez suffisamment de place, installez un support

Écarter le danger

Fermez les portes et les fenêtres afin que les oiseaux ne puissent pas s'échapper, et pour éviter les courants d'air.

Prévenez les empoisonnements en rangeant produits toxiques, cigarettes, médicaments et alcool.

Couvrez les aquariums et rangez les vases, tasses, pots et seaux dans un placard.

Veillez à ce que les calopsittes ne puissent pas se brûler contre une bougie allumée ou une cheminée, un four, un radiateur, une plaque de cuisson ou un fer à repasser.

Ne laissez pas traîner de pelotes de laine. Les oiseaux pourraient s'y empêtrer et se blesser en paniquant.

Ne laissez pas de plantes toxiques ou dangereuses dans la pièce, afin que vos oiseaux ne puissent pas les grignoter.

Installez les autres animaux dans une autre pièce et faites attention à ne pas vous asseoir sur vos calopsittes ou leur marcher dessus.

À SAVOIR

En cas de perte

Notez le numéro de la bague de vos calopsittes, vous pourrez ainsi prouver qu'elles vous appartiennent si elles s'échappent et que quelqu'un les retrouve. **La bague n'équivaut pas à un tatouage,** car elle ne permet pas de remonter jusqu'au propriétaire, seulement jusqu'à l'éleveur.

avec plusieurs perchoirs. Vous pouvez également installer des branches sous le plafond, de préférence entre deux murs opposés. Vous pouvez placer au-dessous une petite planche sur laquelle vous disposerez du papier que vous pourrez facilement remplacer, afin de recueillir les fientes.

▸ Les petites balades des calopsittes à l'extérieur de leur cage ne sont pas sans danger. Elles peuvent tomber derrière une armoire ou se coincer une griffe dans un rideau. Il est très important de toujours surveiller les oiseaux. Aussi tentant que cela paraisse, il serait beaucoup trop risqué de les laisser en liberté toute la journée en votre absence.

Ce perchoir offre un fabuleux point de vue.

Des soins et de l'attention

48 L'entretien

50 Les soins préventifs

52 Les maladies

54 Les mesures d'urgence

56 La reproduction

ZOOM 58 Des parents attentionnés

L'entretien

Les calopsittes sont des animaux très faciles à soigner, car elles n'ont pas d'exigences particulières. Vous devez néanmoins respecter les principes fondamentaux de propreté et d'hygiène, afin que vos oiseaux mènent une vie aussi longue et heureuse que possible.

Nettoyez le grillage et les accessoires à l'eau chaude et séchez-les bien. Il n'est pas nécessaire d'utiliser un détergent puissant. Une désinfection ne se justifie que si le vétérinaire estime que c'est nécessaire, par exemple en cas de maladie parasitaire.

Les crudités sont non seulement saines, mais constituent également une invitation au « bain ».

L'hygiène est essentielle

Lors du nettoyage de la cage, vous devez prêter une attention particulière aux points suivants :

- **Au moins une fois par semaine,** nettoyez à fond tous les accessoires (même s'ils ne paraissent pas sales) ainsi que la cage.
- **Les abreuvoirs** doivent être nettoyés tous les jours, car ils se salissent rapidement et la saleté se dépose dans les moindres recoins. Les fontaines se nettoient facilement avec un écouvillon.
- **Les baignoires** doivent également être nettoyées tous les jours afin d'éviter la prolifération de microbes qui pourraient rendre les oiseaux malades.
- **Les mangeoires** ne doivent être nettoyées que si elles sont souillées par des fientes. Sinon, il suffit d'enlever les coques vides tous les jours, puis de compléter par une petite quantité de graines.
- **Si les perchoirs sont souillés par des fientes,** c'est souvent parce qu'ils sont mal placés. Vous devez alors absolument les brosser et les laver, sinon les pattes des oiseaux risquent de s'infecter. Les fientes présentent également

un risque pour les yeux, lorsque les perruches frottent leur tête contre les perchoirs souillés.

▸ **Les barreaux souillés** doivent être nettoyés immédiatement afin de ne pas être décolorés par l'action chimique des fientes, notamment s'ils sont chromés ou en laiton.

▸ **Sur le sol,** les fientes sont plus nombreuses à l'endroit où les oiseaux dorment. Ôtez-les avec une petite pelle ou une raclette. Les fientes doivent être retirées dès que possible car elles sèchent rapidement et sont dispersées par les battements d'ailes. Des particules sont alors inhalées par les hommes et les animaux. Le sable au fond de la cage doit être entièrement remplacé une à deux fois par semaine.

En plaçant correctement les perchoirs, vous contribuez à prévenir les infections.

Le ménage

Les perruches calopsittes sont très salissantes. Vous devez nettoyer le pourtour de la cage tous les jours afin d'éviter l'accumulation de coques de graines vides et de poussière. En liberté, les oiseaux déposent des fientes qui seront plus nombreuses autour de leurs emplacements favoris.

Vous connaîtrez bientôt ces emplacements et pourrez protéger le sol et les meubles avec du papier journal. Les fientes séchées sur les tapis et les rideaux s'enlèvent facilement avec l'aspirateur.

À SAVOIR

Bien équipé !

Facilitez-vous l'entretien de la cage en achetant mangeoires et abreuvoirs en double exemplaire. Une fois qu'ils sont sales, vous n'avez plus qu'à les remplacer par les propres.

Les branches naturelles qui servent de perchoirs doivent être remplacées au moins une fois par mois.

Les soins préventifs

Ne faites aucun compromis en ce qui concerne la santé de vos oiseaux, quel que soit leur âge. Si l'un de vos oiseaux semble malade, vous ne devez pas perdre de temps et appeler rapidement un vétérinaire pour lui décrire les symptômes.

Rien de tel qu'une vie distrayante pour garder toute sa vivacité !

Le bec et les griffes

Si le bec croît démesurément, c'est parce qu'il n'est pas suffisamment utilisé. Toutefois, il peut également s'agir d'une prédisposition individuelle, car la plupart des calopsittes ne connaissent jamais ce problème, même si elles ont rarement l'occasion d'user leur bec. Dans tous les cas, il faut absolument intervenir, afin d'éviter que le bec ne se déforme. Si la perruche n'a que peu d'occasions de gruger, c'est-à-dire qu'elle n'a pas de branches ou d'objets en bois à sa disposition pour se faire le bec, la mandibule supérieure peut devenir trop longue. Toutefois, la mandibule inférieure peut également présenter des déformations. Vous devez absolument emmener l'oiseau chez le vétérinaire pour qu'il les corrige.

▸ **Les griffes** sont plus faciles à couper. Des petites pinces coupantes conviennent parfaitement. Demandez au vétérinaire de vous montrer avant de le faire pour la première fois. Étant donné que les calopsittes mordent très fort, vous devez absolument vous protéger les mains avec des gants en cuir. Lors de cette opération, il est recommandé de ne pas allonger l'oiseau sur le dos, mais de le tenir dans la main.

Les parasites externes

Lorsque la cage, la volière et les nids ne sont pas correctement entretenus, des parasites s'installent et peuvent faire vivre un véritable enfer aux oiseaux. Ces derniers se grattent sans arrêt et se montrent très agités.

▸ **Les poux rouges** sont minuscules : le diamètre d'un pou rassasié de sang est inférieur à 0,5 mm. Ils se logent volontiers dans les fentes et les interstices, où on les trouve en plus grand nombre. En cas de doute, recouvrez la cage d'un drap clair pendant la nuit, les poux se rassembleront à l'intérieur des plis. Ils sortent de leur cachette la nuit pour tourmenter les oiseaux endormis, mais également les petits dans leur nid. Vous viendrez assez rapidement à bout

Les perruches en bonne santé sont curieuses et toujours prêtes à jouer des tours !

de ce fléau en nettoyant soigneusement la cage, ses accessoires et les alentours, voire en appliquant un antiparasitaire prescrit par le vétérinaire.

▸ Les poux des plumes (mallophages) : ces parasites de forme allongée, gris clair, d'environ un millimètre de longueur se nourrissent de plumes et de squames. Votre vétérinaire vous prescrira un produit à vaporiser.

▸ La gale : cette maladie parasitaire entraîne la formation d'excroissances grisâtres au niveau de la cire, à la base du bec, et autour des yeux, ainsi qu'une croissance excessive du bec. Le traitement vient rapidement à bout des parasites si la maladie est prise en charge suffisamment tôt. Au stade précoce, il convient d'appliquer un peu d'huile de paraffine sur les lésions. Si cela reste sans effet, consultez rapidement un vétérinaire.

À SAVOIR

Le garder à l'œil

Examinez votre oiseau tous les jours pour pouvoir détecter rapidement une éventuelle maladie.

Un oiseau malade se tient courbé, souffre de diarrhée, a les plumes gonflées, reste longtemps au sol, respire difficilement, garde souvent les yeux clos ou mi-clos, tient sa queue à la verticale du sol et ses ailes pendantes.

Le comportement est également un bon indice : l'oiseau s'isole, ne participe plus aux activités communes ou se fait chasser.

Les maladies

Lorsqu'une calopsitte perd l'appétit, que son plumage est terne et ébouriffé et que ses fientes deviennent liquides et changent de couleur, vous devez l'emmener le plus rapidement possible chez le vétérinaire.

Des plumes ébouriffées en permanence sont un signe à prendre au sérieux.

Le rhume

La perruche éternue, son nez coule et ses yeux sont parfois enflammés. Les oiseaux d'intérieur sont plus souvent touchés, mais une eau trop froide, des courants d'air ou une chute brutale de la température peuvent également causer un rhume. ▸ **L'installation d'une source de chaleur** à proximité de la cage, comme une lampe à infrarouge par exemple, s'avère souvent efficace.

Les troubles digestifs

Des aliments de mauvaise qualité peuvent entraîner une inflammation de l'intestin. Toutefois, les perruches qui viennent picorer dans votre assiette peuvent également en souffrir. La plupart du temps, les oiseaux malades restent au fond de la cage. Ils ont la diarrhée et le pourtour de leur cloaque est souillé par les fientes. Lavez l'oiseau. Il est préférable de couper les plumes les plus sales. Une lampe

À SAVOIR

Le picage

La solitude est souvent à l'origine de ce trouble comportemental, qui consiste à s'arracher les plumes.
Accordez de l'attention à l'oiseau et tentez de détourner son attention en le distrayant.
Dans tous les cas, vous devez lui offrir un compagnon et demander l'aide d'un comportementaliste.
Emmenez également l'oiseau chez le vétérinaire afin d'exclure toute cause organique.

Les bagues doivent être rapidement retirées par un vétérinaire si elles s'incrustent dans la patte.

à infrarouge s'avère également souvent très utile. Une tisane de camomille peut soulager l'oiseau.

La psittacose

En cas de diarrhée tenace, de troubles respiratoires, d'écoulement nasal et de conjonctivite purulente, il se peut que l'oiseau soit atteint de psittacose. Seule une analyse des fientes permet de confirmer le diagnostic. Il existe un risque de transmission à l'homme en cas de contact étroit avec un oiseau infecté. Cette maladie est à déclaration obligatoire.

Les blessures

Nos petites perruches sont très robustes : des vilaines blessures soignées avec un produit hémostatique et un peu de poudre antibiotique guérissent ainsi très rapidement ! Mêmes les interventions chirurgicales sont très bien supportées.
En cas de blessure importante, de fracture d'une patte ou d'une aile, d'entorse ou de brûlure, l'oiseau doit consulter un vétérinaire.

L'inflammation du jabot

Elle est principalement causée par des infections dues à un mauvais entretien des abreuvoirs. L'oiseau a du mal à avaler et vomit, les plumes de sa tête sont collées. Il doit voir un vétérinaire le plus rapidement possible.

Les tumeurs

Elles prennent le plus souvent la forme de lipomes (tumeurs graisseuses), mais peuvent également s'avérer malignes. Souvent, une opération sous anesthésie générale suffit à résoudre le problème. Vérifiez régulièrement que vos oiseaux ne présentent pas de grosseurs.

Les mesures d'urgence

Si votre oiseau tombe malade, vous pouvez vous débrouiller avec les moyens du bord en attendant la visite chez le vétérinaire.

Les premiers soins

Avec l'accord du vétérinaire, vous pouvez mettre en œuvre les moyens suivants pour favoriser la guérison.

▸ **Un traitement par la chaleur** s'impose en cas de maladie respiratoire ou de diarrhée. Une lampe à infrarouges ou à défaut une lampe de bureau maintenant une température de 30 à 33 °C est efficace. L'arrière de la zone chauffée doit être recouvert d'une serviette afin de mieux conserver la chaleur. Ne chauffez qu'une partie de la cage, afin que l'oiseau puisse, s'il le souhaite, se soustraire à la chaleur. Ce traitement n'est pas indiqué en cas de crampes ou de commotion cérébrale après un accident, car il accroît la circulation et la pression sanguines, ce qui peut aggraver l'état de l'oiseau.

▸ **La vapeur de tisane de camomille** peut également s'avérer efficace en cas de maladie respiratoire. Couvrez la cage avec une serviette en laissant seulement l'avant à l'air libre. Une à deux fois par jour, placez devant la cage un bol rempli d'une infusion de camomille, en veillant à ce que la vapeur s'échappe en direction de la cage.

▸ **Vous devez nourrir** votre oiseau s'il ne s'alimente pas lui-même, sinon il va rapidement s'affaiblir. De la bouillie pour bébé et une seringue (sans aiguille) font parfaitement l'affaire. Donnez-lui l'équivalent d'1 ml trois à quatre fois par jour. De cette manière, vous pourrez également lui administrer ses médicaments.

▸ **Les hémorragies,** à la suite d'un accident par exemple, doivent être stoppées immédiatement. Exercez une pression sur la plaie avec un doigt ou de la ouate hémostatique que vous trouverez en pharmacie. Plusieurs minutes peuvent s'écouler avant que le saignement ne s'arrête.

▸ **Le charbon** peut s'avérer utile en cas de diarrhée et autres troubles digestifs.

Le mal de ponte

La femelle a l'air très malade et se tient sur le sol de la cage. Elle n'arrive pas à expulser son œuf. Ce peut être la conséquence d'une carence en vitamines et en minéraux, d'une température trop basse si les oiseaux vivent à l'extérieur, ou d'un problème d'origine organique. Prenez la femelle dans votre main (sans la

La visite chez le vétérinaire

Si l'oiseau est transporté dans sa cage, cette dernière ne doit pas être nettoyée et doit être recouverte d'un linge. Évitez les courants d'air, l'humidité et le froid.

Toutes les informations relatives à la calopsitte, telles que son âge, sa date d'acquisition, les autres oiseaux en votre possession, leurs éventuelles maladies, leurs conditions de vie, etc. pourront être utiles au vétérinaire.

Les petits chapardeurs doivent être surveillés de près lorsqu'ils se promènent en liberté, afin d'éviter qu'ils n'ingèrent des aliments inappropriés !

tourner sur le dos !), vous sentirez facilement l'œuf. Une goutte d'huile de paraffine chaude peut être introduite dans le cloaque à l'aide d'une pipette, pour faire office de lubrifiant. Si cela reste sans effet, emmenez rapidement l'oiseau chez le vétérinaire !

Les problèmes de mue

Le renouvellement régulier du plumage est d'une importance capitale pour l'oiseau, qu'il s'agisse de sa première mue, vers l'âge de 3 ou 4 mois, ou de la mue complète qui intervient chaque année chez les adultes après la période de reproduction. Afin que la calopsitte ne perde pas sa capacité à voler pendant la durée de la mue, les plumes des ailes et de la queue ne se renouvellent pas en une seule fois. Il en va de même pour le reste du plumage,
ce qui permet de préserver l'équilibre thermique de l'organisme. Il est donc totalement injustifié de se demander quelles mesures prendre contre la mue, qui est un phénomène totalement naturel. On peut juste faire en sorte qu'elle se déroule au mieux en garantissant à l'oiseau un bon apport en vitamines et minéraux pendant cette période.

À SAVOIR

Les vétérinaires

Les vétérinaires ne sont pas tous en mesure de prendre en charge les oiseaux.
Montrez-vous prévoyant en recherchant les coordonnées d'un vétérinaire aviaire dans votre région avant que vos oiseaux ne tombent malades !
Les associations d'éleveurs pourront certainement vous indiquer un vétérinaire compétent.
Gardez toujours à portée de main le numéro de téléphone du vétérinaire.

La reproduction

Même si les calopsittes sont capables de se reproduire dès l'âge de neuf mois, il ne faut pas former de couples avec des oiseaux trop jeunes, car les tentatives de reproduction sont souvent vouées à l'échec.

Pour faire se reproduire des perruches, vaut mieux attendre que les oiseaux aient atteint l'âge d'un an. Ils ont alors leur plumage définitif, et pour les oiseaux de type sauvage, on peut facilement distinguer les mâles des femelles (page 14). Les calopsittes se reproduisent très facilement. En fait, la difficulté consiste plutôt à les empêcher de se reproduire ! Certaines calopsittes, faute de nid, vont s'installer dans un tiroir entrouvert, voire sur le sol de la cage. Ce n'est pas un problème si le couple est formé d'oiseaux robustes et en parfaite santé, bien soignés et qui ont suffisamment d'espace pour voler régulièrement.

Les marques d'affection sont de bon ton chez les couples de calopsittes, et renforcent les liens.

Contrôler la ponte

Si la femelle de votre couple a pondu alors que vous ne souhaitiez pas que vos perruches se reproduisent, ou qu'une ou deux femelles pondent régulièrement alors que tous vos oiseaux sont du même sexe, vous ne devez pas retirer les œufs. Sinon, les oiseaux vont pondre de nouveaux œufs à des intervalles de plus en plus rapprochés, ce qui va beaucoup les affaiblir. Si les œufs sont clairs, attendez que les oiseaux les abandonnent. Si vous voulez éviter la naissance de petits, vous pouvez percer les œufs avec une

À SAVOIR

Les bébés calopsittes

Au moment de l'éclosion, les petits percent la coquille à l'aide du diamant, une sorte de pointe située sur le bec.

À la naissance, ils sont couverts d'un duvet jaune assez clairsemé.

Les yeux sont encore fermés.

Les petits recherchent le contact avec leurs frères et sœurs. La plupart du temps, chacun repose sa tête sur la nuque de son voisin.

Chez les calopsittes, le mâle et la femelle couvent tous les deux, comme chez le cacatoès.

aiguille ou les remplacer par des œufs factices.

Le nid

Les calopsittes nichent dans des trous, mais elles n'ont pas d'exigences particulières en ce qui concerne leur emplacement et leur forme. Une grosse branche évidée disposée horizontalement sera aussi bien acceptée qu'un trou vertical dans un tronc d'arbre. En Australie, des calopsittes peuvent nicher dans un tronc d'arbre brisé ou dans un trou partiellement à découvert. Les calopsittes tentent parfois de nicher dans des endroits inhabituels, mais elles préféreront toujours un trou si elles en ont un à disposition. Optez de préférence pour un nichoir en bois de type boîte. Si vous êtes doué de vos mains, vous pouvez également évider un tronc ou fabriquer vous-même un nichoir, mais vous en trouverez facilement en animalerie. Accrochez le nichoir le plus haut possible dans la volière, et prévoyez-en un par couple.

Des parents attentionnés

La plupart des calopsittes sont des parents attentionnés, qui s'occupent de leurs petits de manière touchante. Naturellement c'est une période très éprouvante pour eux, c'est pourquoi vous devez leur offrir le meilleur environnement possible.

Dès le début de la couvaison, vous devez compléter leur alimentation habituelle par de la pâtée d'élevage. Les perruches auront ainsi le temps de s'y habituer et pourront en donner à leurs petits dès l'éclosion. Vous pouvez enrichir la pâtée d'élevage du commerce avec des carottes finement râpées. Toutefois, rien ne vaut les graines mi-mûres dont les calopsittes sauvages nourrissent leurs petits dans la nature (page 39).
Le millet commun, le millet des oiseaux et l'alpiste conviennent bien. Les oiseaux doivent également avoir de la verdure, et notamment du mouron, à disposition. Vous pouvez également cueillir des graines sauvages mi-mûres. De même, les œufs de poule frais sont particulièrement recommandés. Ils doivent être donnés durs, mélangés à des biscottes écrasées et des carottes râpées (1 portion d'œuf pour 3 portions de mélange biscottes/carottes). On peut également compléter leur menu par des graines germées.

1 ◂ **La naissance d'un couple.** Lorsque deux calopsittes se plaisent, elles passent la majeure partie de leur temps ensemble. La toilette mutuelle est la principale démonstration d'affection. Les oiseaux entreprennent tout ensemble et le mâle fait sa parade nuptiale. Il siffle et présente ses magnifiques rémiges. Vient ensuite l'accouplement, puis les perruches passent de plus en plus de temps dans leur nid.

▸ **La ponte.** Le premier œuf fait bientôt son apparition, puis les œufs se succèdent à intervalles de deux jours. En général, la femelle en pond 4 à 5 au total. La couvaison ne débute pas immédiatement, mais lorsque la femelle a pondu 2 ou 3 œufs. Le mâle couve pendant la journée, et la femelle pendant la nuit. Il ne viendrait certainement pas à l'idée de l'un d'assumer le travail de l'autre ! Les œufs éclosent après environ 21 jours d'incubation. Il faut laisser les oiseaux tranquilles pendant la couvaison. En effet, certains ne supportent pas qu'on ouvre le nid. Ils émettent une sorte de crachement et peuvent casser les œufs. Attendez 10 jours pour nettoyer le nid, quand les parents sont de sortie.

2

3

◂ **Les perruchons :** à la naissance, ils sont couverts de duvet. Les plumes proprement dites commencent à pousser au bout d'une dizaine de jours. Au départ, seuls les tuyaux sont visibles (les petits ressemblent alors à des hérissons) ainsi que les rémiges. Huit jours après, les petits sont capables de dresser leur huppe pour manifester leur mécontentement lorsqu'on les dérange, et les taches rouges des joues commencent à apparaître. À l'âge de 5 semaines, les petits sont prêts à quitter le nid et capables de voler. Ils sont presque aussi gros que les adultes, mais leur plumage est plus terne.

Coin infos

Magazines

▸ **La revue des oiseaux exotiques**
Revue mensuelle éditée par le Club national des Éleveurs amateurs d'Oiseaux exotiques (CDE).

▸ **Les Oiseaux du Monde**
Revue mensuelle éditée par l'Union ornithologique de France (UOF-COM France).

▸ **L'Envol**
Revue mensuelle éditée par la Fédération française d'Ornithologie (FFO).

▸ **Le Monde des Oiseaux**
Revue mensuelle éditée par l'Association royale ornithologique de Belgique (AOB).

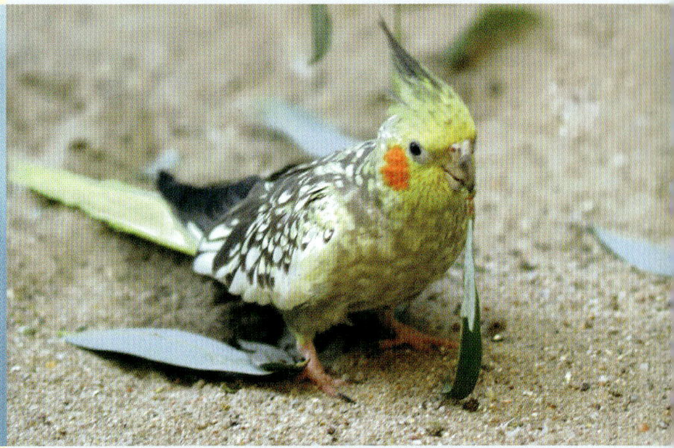

Réalisation

▸ **L'auteur.** Le professeur Kurt Kolar, zoologue et comportementaliste, élève des perroquets de différentes espèces depuis plus de trente ans. Il a été directeur adjoint du zoo de Schönbrunn, à Vienne, et président d'une organisation autrichienne de protection des animaux et de la nature.

▸ **La photographe.** Regina Kuhn est une photographe et auteure indépendante possédant de nombreuses années d'expérience dans la photographie animalière.

▸ **La maison d'édition et la photographe** remercient Waltraud Kuhn et « Emil », de Schorndorf, Peter Strecker et « Cocco », de Scharenstetten, Patricia Schmidt et « Sissi », ainsi que Sandra Meixner, d'Esslingen.

Crédits photographiques

▸ **Regina Kuhn** a réalisé l'ensemble des photographies de l'intérieur et de la couverture.

L'édition originale de ce titre a été publiée
en allemand sous le titre « Nymphensittiche »
© 2005, Stuttgart (Hohenheim).

Traduit de l'allemand par : Caroline Lelong
(Carpe Sensum)

© 2010 Les Éditions Ulmer
8, rue Blanche
75009 Paris
Tél. : 01 48 05 03 03
Fax : 01 48 05 02 04
Internet : www.editions-ulmer.fr

Réalisation : Bénédicte Dumont
Suivi éditorial : Raphaèle Dorniol
Impression : Alcione, Trento
Printed in Italy

Dépôt légal : novembre 2010

ISBN : 978-2-84138-486-0
N° d'édition : 486-01

Associations d'éleveurs

- Club des éleveurs amateurs d'oiseaux exotiques (CDE)
http://www.clubcde.com/

- Fédération Française d'Ornithologie (FFO)
http://www.ffo.asso.fr

- Union Ornithologique de France (UOF-COM France)
http://www.uof.asso.fr/

Responsabilité

L'auteur et l'éditeur se sont efforcés d'apporter les informations les plus fiables possibles. Des erreurs ne peuvent toutefois être totalement exclues. Aucune garantie quant à l'exactitude des informations ne peut donc être donnée. Leur responsabilité pour les dommages éventuels qui pourraient en résulter ne pourra être juridiquement invoquée.

Index

Abreuvoir 26, 48
Âge 16
Aliments frais 38
Animaleries 18
Apprendre à parler 41
Apprivoisement 16
Arbre à perruches 43
Australie 8

Bague 19, 20, 45
Baignoire 26, 48
Balançoire 40
Bec 10, 13, 19, 50
Bird-sitter 20
Blessures 53
Branches 40

Cage 24
Cage : bac 25
Cage : emplacement ..25
Cage : ménage 49
Cage : porte 25
Carences 18
Charbon 54
Chats 35
Chiens 35
Cire 10
Cloaque 19
Congénères 33
Couple 9, 13
Crachement 33
Curiosité 8

Douche 27

Éleveurs 18
Enfants 17

Faux-albinos 15
Friandises 37
Fruits 38

Gale 51
Graines de tournesol ..36
Graines fraîches 36
Griffes 50
Gravier 37

Habitat naturel 8
Hémorragies 54
Huppe 14, 32
Hygiène 48

Inflammation
du jabot 53

Langage corporel 32
Langage sonore 32
Lapins 35
Légumes 38
Lutino 15

Mal de ponte 54
Maladie parasitaire 18
Mangeoire 26, 48
Masque facial 14
Mélanges de graines ..36
Mue 54
Mutations 14

Narines 10
Nid 57
Nourriture :
quantités 37, 39

Opaline (perlée) 15
Parasites 19
Papilles gustatives 10
– externes 50
Partenaire 16
Pattes 19
Perchoir 26, 45
Perruches australiennes .41
Perruchons 59
Plumage 18
Ponte 56, 59
Poux des plumes 51
Poux rouges 50
Premiers soins 54
Préparations
vitaminées 38
Psittacose 53

Quarantaine 35

Rameaux 40
Récompenses 30
Rectrices 15
Refuges 17, 18
Repos nocturne 30
Reproduction 16, 56
Rhume 52
Rongeurs 35

Sable 27, 37
Sens 10
Sens de l'orientation ...11
Sexage 15
Socialisation 34

Troubles digestifs 52
Tumeurs 53
Type sauvage 14, 15

Vacances 20
Vétérinaire 20, 54
Vol 8
Vol en liberté 31
Vol en liberté : danger .44
Volière 35
– d'intérieur 24
– d'extérieur 24

Yeux 10, 19

D'autres ouvrages aux éditions Ulmer

PERRUCHES ONDULÉES
64 pages
ISBN : 978-2-84138-487-7
7,50 €

CANARIS
48 pages
ISBN : 978-2-84138-488-4
7,50 €

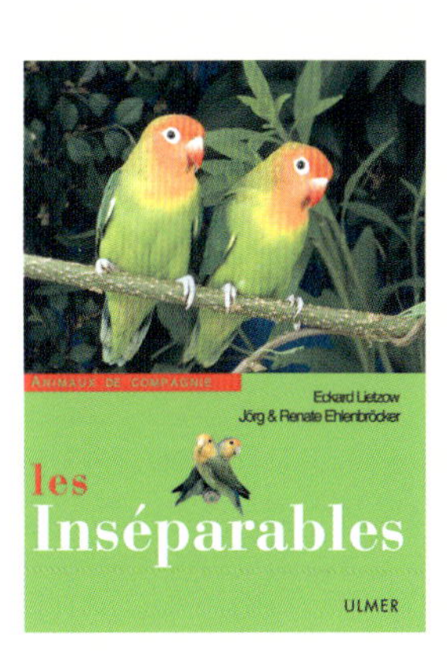

LES INSÉPARABLES
96 pages
ISBN : 978-2-84138-191-9
14,95 €

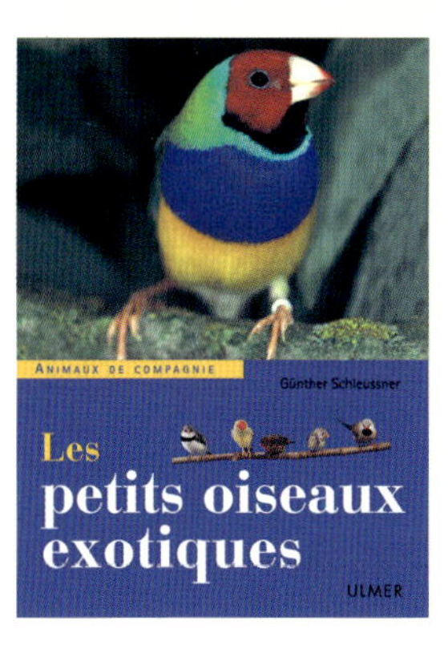

LES PETITS OISEAUX EXOTIQUES
96 pages
ISBN : 2-84138-212-5
14,95 €

LE PERROQUET GRIS DU GABON
96 pages
ISBN : 2-84138-190-0
14,95 €

ZOOM

Le coin des enfants

Supers calos !

Tu ne t'ennuieras jamais avec tes calopsittes, et tu pourras leur inventer des jeux toi-même.

Bricole de beaux jouets pour tes compagnons à plumes. Tu peux par exemple enfiler des perles colorées sur une cordelette et les suspendre dans la cage ou à l'arbre à jeux. Les oiseaux s'amuseront à les secouer. Tu peux également rassembler quelques branches et les entourer de raphia. Les oiseaux prendront beaucoup de plaisir à déchiqueter ton œuvre ! Ils aiment également les boules de papier colorées. Ils les étudient avec leur langue avant de les mettre en lambeaux.